Petra Bock

100 Fragen
Ihr Leben betreffend

Petra Bock

100 Fragen
Ihr Leben betreffend

KNAUR

Besuchen Sie uns im Internet:
www.knaur.de

Die Folie des Schutzumschlags sowie die Einschweißfolie
sind PE-Folien und biologisch abbaubar.
Dieses Buch wurde auf chlor- und säurefreiem Papier gedruckt.

Copyright © 2009 bei Knaur Verlag.
Ein Unternehmen der Droemerschen Verlagsanstalt
Th. Knaur Nachf. GmbH & Co. KG, München
Alle Rechte vorbehalten. Das Werk darf – auch teilweise –
nur mit Genehmigung des Verlages wiedergegeben werden.
Umschlaggestaltung: ZERO Werbeagentur, München
Satz: Adobe InDesign im Verlag
Druck und Bindung: Offizin Andersen Nexö
Leipzig GmbH, Zwenkau
Printed in Germany
ISBN 978-3-426-65469-9

für M. S.

Inhalt

Einführung	9
Wo Sie stehen	17
Wer Sie sind	25
Was Sie glauben	37
Was Sie prägt	45
Wie Sie lieben	55
Wie Sie arbeiten	69
Was Sie erreichen wollen	75
Wie Sie leben möchten	81
Was Sie noch erleben wollen	87
Kontakt	94
Die Autorin	95

Einführung

Vor fast genau zehn Jahren wachte ich morgens auf und konnte nicht mehr laufen. Jede noch so kleine Bewegung löste unglaubliche Schmerzen in meinem Körper aus. Ich lag wie ein hilfloser Käfer auf dem Rücken und beobachtete, wie mir panikartig Fragen durch den Kopf schossen: »Was ist passiert? Bin ich jetzt gelähmt? Wie komme ich ans Telefon, um den Notarzt zu holen?« Mit meiner ganzen Kraft drehte ich mich auf den Bauch und robbte auf den Ellenbogen am Boden entlang zum Telefon.

Auf dem Weg ins Krankenhaus fiel mir auf, dass es Winter war. Die Bäume und die ganze Stadt wirkten kahl und grau, und ich wusste: Irgendetwas stimmt nicht mit meinem Leben.

Zu dieser Zeit war ich Partnerin in einer Beratung in Frankfurt am Main und arbeitete etwa siebzig Stunden in der Woche. Es gab keine Wochenenden, keinen Urlaub und kein Leben mehr außerhalb der Neonlichter meines Büros. Ich galt als erfolgreich und wurde um meinen Job beneidet. Aber persönlich war ich auf ganzer Strecke verarmt. Ich hatte – was ich zu diesem Zeitpunkt im Krankenwagen noch nicht wusste – mit nicht einmal dreißig Jahren einen doppelten Bandscheibenvorfall und würde fast ein Jahr brauchen, um wieder richtig auf die Beine zu kommen.

An jenem Morgen, an dem ich nicht mehr laufen konnte und die kahlen Straßen von Frankfurt aus dem Krankenwagen sah, beschäftigte ich mich zum ersten Mal bewusst mit meinem Leben. Wie konnte ich mit Ende zwanzig gesundheitlich schon so angeschlagen sein? War ein solches Leben überhaupt lebenswert? Wie sollte ich das bloß bis zur Rente aushalten? Hatte ich nicht für viel Geld mein ganzes Leben verkauft? Das war der Wendepunkt. Ich begann, mir die richtigen Fragen zu stellen.

Heute schreibe ich diese Zeilen mit Blick auf das Meer am Golf von Thailand. Es ist Februar, und ich sitze bei achtundzwanzig Grad im Schatten und einer angenehmen Meeresbrise auf der Terrasse. Ich komme gerade von einer Runde im Pool und habe beim Frühstück die Fischer beobachtet, wie sie ihre Netze im tiefblauen Wasser auswerfen.

Seit den Tagen in Frankfurt habe ich mehrere Bücher geschrieben und helfe Menschen aus dem gesamten deutschsprachigen Raum dabei, ihre Berufung zu finden und Sinn, Freude, Erfüllung und Erfolg in ihr Leben zu bringen. Ich teile meine Zeit selbst ein, reise viel, halte Vorträge vor Tausenden von Zuhörern, gebe Interviews und bilde mittlerweile selbst andere aus, die den gleichen wunderbaren Beruf wie ich ausüben wollen.

Als Coach beschäftige ich mich damit, gute Fragen zu stellen und Menschen zu helfen, ihre beruflichen und privaten Ziele zu finden und zu erreichen. Ich erarbeite mit ihnen Wege, ein erfülltes und erfolgreiches Leben zu führen, das zu ihnen passt und ihnen höchstmögliche Lebensqualität bietet. Denn das ist heute möglich.

Entscheidungen sind möglich

Keine Generation vor uns hatte solche Chancen. Niemals konnten Männer und Frauen so frei über ihr Leben entscheiden und so viele gute Erfahrungen machen wie wir heute. Wir können uns zwischen Berufen, Wohnorten und Lebensstilen entscheiden. Wir verfügen, selbst wenn wir nicht zu den Reichen gehören, über ein Konsumniveau, für das wir vielerorts in der Welt beneidet werden. Selbst wenn die Krise, die zum Zeitpunkt, als ich diese Zeilen schreibe, in aller Munde ist, ernst werden sollte, haben wir Wahlmöglichkeiten und Alternativen, die es in früheren Zeiten nicht gab. Denn wir verfügen heute nicht zuletzt über Wissen und emotionale sowie mentale Techniken, die es uns ermöglichen, mit Herausforderungen konstruktiv umzugehen.

Dennoch führen sehr viele Menschen kein erfülltes Leben. Sie haben Angst vor jedem Montagmorgen, und schon beim Aufwachen beginnt das Sorgenkarussell in ihrem Kopf sich zu drehen. Für andere dagegen ist alles so weit in Ordnung, aber eben auch nur das. Ihr Leben fühlt sich, wenn sie ehrlich sind, schal und langweilig an. Es passiert nichts mehr. Der Großteil des Lebens fließt gleichförmig vor sich hin. Unterbrochen durch Familienereignisse oder Schicksalsschläge, nimmt es seinen Lauf, bis es zu Ende ist.

Viele reagieren auf Gelegenheiten, die sich ihnen zufällig bieten, ergreifen einen Beruf oder sind mit jemandem zusammen, weil er eben gerade da war. Ich nenne das die »Lebenstrance«. Ein Leben, das wie ein Traum an uns vorbeizieht und das auch durch noch so spannende Krimis, Action-Filme oder Shopping-Touren keinen Deut intensiver oder interessanter wird. Die größte Gefahr für unser heutiges Leben sind nicht drohende Armut oder Not, sondern ebendiese Lebenstrance, die sich nach nichts anfühlt und wie eine Art Wachkoma ist. Wir ziehen es durch, das Leben, in Ängsten, Sehnsucht und Hoffnung nach etwas Besserem – bis es zu Ende ist.

Zum Glück ist es nur ein ganz kleiner Schritt, den es braucht, um wach zu werden und dem Leben eine völlig neue Richtung zu geben. So wie ich damals im Krankenwagen können auch Sie jederzeit damit beginnen, Ihrem Leben eine neue Richtung zu geben. Der Schlüssel dazu sind die Fragen, die wir uns stellen. Denn wir antworten mit all unseren Handlungen auf Fragen, die wir uns meist unbewusst gestellt haben. Die Qualität dieser Fragen, die wir uns im Leben stellen, entscheidet darüber, ob wir ein erfülltes oder ein leeres Leben führen.

Wenn wir uns zum Beispiel dazu zwingen zu funktionieren, obwohl wir herauswollen aus einem kräftezehrenden Job oder einer zerrütteten Beziehung, dann antworten wir unbewusst auf die Frage: Wie kann ich es schaffen durchzuhalten? Wie kann ich mich noch besser anpassen, um weniger Schmerzen zu erleiden? Wir können aber und ist sogar gut, wenn es darum geht, uns aus dem engen Korsett alter Antworten zu befreien. Auf jeden Fall bringen Ihnen gute Fragen die Antworten, auf deren Grundlage Sie eine eigene Lebensphilosophie entwickeln können. Diese ist wie ein innerer Kompass, der Ihnen dabei hilft, den eigenen Fokus zu finden und richtige Entscheidungen in Ihrem Leben zu treffen. Den eigenen Fokus können Sie sich vorstellen wie den Lichtkegel einer starken Taschenlampe, der Sie im Dunkeln sicher durch jedes Terrain führt. Ihn zu haben bedeutet, dem eigenen Leben eine bewusst gewählte Richtung zu geben, sich darauf zu konzentrieren und sich nicht mehr zu verzetteln. Der Lohn ist groß: ein intensives, interessantes, erfolgreiches Leben nach Ihren eigenen Maßstäben.

Eine eigene Lebensphilosophie entwickeln

Sie können dieses Buch auf mehrere Arten lesen und durcharbeiten. Wenn Sie es in einem Rutsch lesen und sich die Antworten auf die Fragen intuitiv geben, werden Sie am Ende ein recht gutes Gefühl für den Stand Ihrer derzeitigen Lebensqualität haben und eine erste Richtung erkennen, in die es in Zukunft gehen soll. Danach empfehle ich Ihnen, die Fragen kapitelweise durchzuarbeiten. Im Buch finden Sie Platz für erste Stichworte. Ich empfehle Ihnen darüber hinaus, sich in einem schönen Heft oder Notizbuch den Platz zu nehmen, den Sie brauchen, und sich die Antworten zu den Fragen mit einem Datum versehen aufzuschreiben. Wenn Sie bei einer Frage nicht weiterkommen, finden Sie auf meiner Website www.100Fragen.de Hinweise, die Ihnen vielleicht weiterhelfen. Fragen, die Sie als besonders verstörend, knifflig oder motivierend empfinden, verdienen es, einen ganzen Tag lang Ihre Aufmerksamkeit zu erhalten. Schreiben Sie sich diese einzelnen Fragen auf einen Zettel, den Sie zum Beispiel an Ihren Badezimmerspiegel hängen. Nehmen Sie die Fragen als eine Art Tagesmotto, und abends, wenn Sie zu Bett gehen und sie noch einmal ansehen, werden Sie ganz neue Perspektiven gewonnen haben.

Ich wünsche Ihnen bei den 100 Fragen Spaß, tiefe Einsichten und inspirierende Momente. Vor allem aber wünsche Ihnen den Mut, die Antworten, die Sie sich geben, ernst zu nehmen. Dann nämlich werden die Fragen Ihr Leben verändern.

Dr. Petra Bock
Kui-Buri, Thailand, und Berlin,
im Februar 2009

Wo Sie stehen

Sich über die eigene Lebenssituation klarzuwerden ist der erste Schritt. Es geht darum, ein Bewusstsein zu entwickeln für die Grundbedingung jedes Lebens, die Lebenszeit, und dafür, wie man sie bisher genutzt hat. Es ist vergleichbar mit der Situation, ein Sparschwein zu »schlachten«. Sie stellen es auf den Kopf, lassen das Geld herausfallen und zählen. Wie viel ist da? Auf das Leben bezogen, heißt das: Was ist aus meinem Leben in den vergangenen Jahren und Jahrzehnten geworden? Wie sieht meine persönliche Bilanz aus? Und in welche Richtung kann es grundsätzlich gehen?

1. Nehmen Sie einen Maßstab[1], und markieren Sie an dem entsprechenden Maßpunkt Ihr momentanes Lebensalter. Ein heute lebender erwachsener Mann wird durchschnittlich sechsundsiebzig Jahre alt. Eine Frau zweiundachtzig Jahre. Markieren Sie auch diesen Punkt. Brechen Sie den Maßstab an dieser Stelle ab. Nun brechen Sie auch die Jahre ab, die schon hinter Ihnen liegen. Sie halten jetzt die Zeitspanne, die Ihnen rein statistisch bleibt, in der Hand. Wie viele produktive Jahre liegen noch vor Ihnen? Was geht Ihnen dabei durch den Kopf? Wie viele Sommer werden Sie voraussichtlich noch in voller Kraft erleben und genießen können?

....

....

....

....

....

---

1 Diese Frage verdanke ich Prof. Dr. Lothar Seiwert, der in einem Vortrag im Jahr 2006 auf der Bühne die Arbeit mit diesem Maßstab vorführte. Mir stockte der Atem, als er den Stab abbrach und mir auf einmal die Begrenzung meiner Lebenszeit so deutlich vor Augen führte. Mehr über die auch für Lebensfragen wichtige Arbeit von Lothar Seiwert erfahren Sie unter www.seiwert.de.

2 Auf einer Skala von 0 bis 10. Wie ist Ihre Stimmung in der jetzigen Lebenssituation? (10: Spitzenklasse! Könnte nicht besser sein. 0: Abgrundtief schlecht. Ich bin verzweifelt.) Wie stark ist der Veränderungsdruck?

....

....

....

3 Welche war die beste Zeit Ihres bisherigen Lebens? Warum? Was war damals besser? Welche Umstände waren gut, welche Lebenshaltung hatten Sie? Was muss passieren, damit Sie wieder das Gefühl haben, dies ist die beste Zeit Ihres Lebens?

....

....

....

4 Was glauben Sie, unabhängig von Ihrer statistischen Lebenserwartung, wie alt Sie werden? Antworten Sie bitte spontan, und nehmen Sie die Zahl, die Ihnen zuerst in den Sinn kam.[2]

....

5 Was würden Sie tun, wenn Sie noch ein Jahr zu leben hätten? Mit wem würden Sie es verbringen? Wie genau? Was würden Sie mit Ihrer Zeit anfangen? Wenn Ihnen nur noch eine Woche bleiben würde: Mit wem und wie würden Sie diese verbringen?

....

....

....

....

---

[2] Wenn Sie an dieser Stelle eine Zahl nennen, die deutlich unter dem durchschnittlichen Erwartungshorizont unserer Gesellschaft ist, der erfahrungsgemäß ungefähr zwischen 78 und 95 Jahren liegt, können Sie an diesem Thema mit einem guten Mentalcoach oder Psychologen arbeiten. Besonders die Methoden der Hypnotherapie haben sich sehr bewährt. Sie können damit unnötige Ängste und selbstgemachte Blockaden lösen und deutlich mehr Lebensqualität erreichen.

6 Welche Opfer und großen Kompromisse bringen Sie in Ihrem derzeitigen Leben? Wem oder welcher Sache? Was würde sich in Ihrem Leben ändern, wenn Sie dieses oder diese Opfer nicht mehr bringen oder diese Kompromisse nicht mehr eingehen würden?

....

....

....

7 Gehen Sie alle wichtigen Lebensbereiche durch. Wie viel Prozent möglicher gefühlter Lebensqualität erleben Sie jeweils im Moment? Welcher Bereich ist am weitesten von 100 Prozent entfernt? Welcher am nächsten dran? Welcher Bereich spielt im Moment die wichtigste Rolle?

Gesundheit/Fitness ....

Partnerschaft/Liebe ....

Familie ....

Beruf/Erfolg ....

Freizeitspaß ....

Work-Life-Balance ....

Abenteuer ....

Sinn ....

8 Sehen Sie sich die Lebensbereiche noch einmal genau an. Was müssten Sie tun, um in allen Bereichen den gefühlten 100 Prozent näher zu kommen?

Gesundheit/Fitness ....

Partnerschaft/Liebe ....

Familie ....

Beruf/Erfolg ....

Freizeitspaß ....

Work-Life-Balance ....

Abenteuer ....

Sinn ....

Wer Sie sind

Uns genau kennenzulernen und zu wissen, wer wir sind und was wir brauchen, ist ein grundlegender Schritt in Richtung Lebensqualität. Obwohl alle Menschen bestimmte Grundbedingungen wie Wasser, Nahrung und ein Dach über dem Kopf benötigen, ist jeder von uns so individuell wie sein eigener Fingerabdruck, den es auf der ganzen Welt nur einmal gibt. Jeder von uns hat andere Erfahrungen gemacht, eigene Vorlieben, Abneigungen und offensichtliche wie verborgene Charaktereigenschaften. Nur wenn wir uns genau kennenlernen und akzeptieren, wer wir sind und wie wir ticken, können wir uns das Leben so einrichten, wie es uns guttut.

9 Wer sind Sie, wenn Sie mit sich allein sind? Wie fühlen Sie sich dann?

....

....

....

....

10 Welcher Mensch sind Sie, wenn Sie verliebt sind?

....

....

....

....

....

11 Welche Rollen haben Sie im Moment in Ihrem Leben? Wer oder wie sind Sie in Ihrer Rolle als Partnerin oder Partner? Wie als Elternteil? Wie als Tochter oder Sohn? Wie als Freund oder Freundin? Wie als Kollege oder Kollegin? Wie als Chef oder Chefin? Wie als Mitarbeiter oder Mitarbeiterin? In welcher Rolle fühlen Sie sich am wohlsten?

....

....

....

12 Welche Schattenseiten haben Sie? Was würde sich in Ihrem Leben und dem Leben anderer Menschen, die Ihnen nahestehen, ändern, wenn Sie daran arbeiten würden?

....

....

....

13 Was geben Sie anderen Menschen? Was bekommen Sie von anderen Menschen? Stimmt die Bilanz? Was müsste passieren, damit die Bilanz stimmt?

....

....

....

....

14 Wovor fürchten Sie sich? Wovor haben Sie Angst? Was wäre in Ihrem Leben anders, wenn Sie sich nicht davor fürchten würden?

....

....

....

....

15 Wer waren Sie als Kind? Was und wo haben Sie am liebsten gespielt? Waren Sie eher anhänglich, draufgängerisch, introvertiert, verspielt, extrovertiert, lieber draußen oder lieber drinnen? Welche Spiele haben Sie am liebsten gespielt? Wer waren Ihre besten Freunde und liebsten Spielkameraden und warum? Welche Zukunft hätten Sie sich vorausgesagt, wenn Sie sich selbst als Kind von außen kennengelernt hätten?

....

....

....

16 Wie wäre ein Mensch, der das Gegenteil von Ihnen ist? Beschreiben Sie diesen Menschen so detailliert wie möglich!

....

....

....

17 Wann haben Sie zum letzten Mal etwas Neues über sich erfahren? Was war das?

....

....

....

....

18 Welche Seite an Ihnen oder welches Detail aus Ihrem Leben ist so intim, dass nur Sie selbst oder sehr wenige Personen davon wissen?

....

....

....

....

19 Wen bewundern Sie? Warum? Suchen Sie drei Gründe, warum Sie genau diese Eigenschaften, die Sie bei jemand anderem bewundern, selbst haben!

....

....

....

....

20 Was sagt Ihre Kleidung über Sie aus? Spiegelt Ihr Kleidungsstil wider, wer Sie sind und wie Sie leben wollen?

....

....

....

....

21 Welche Erinnerungen, Gedanken und Dinge geben Ihnen Kraft? Was bringt Sie in gute Stimmung? Wie können Sie mehr davon in Ihr Leben bekommen?

....

....

....

22 Welches Hobby haben Sie, oder wofür interessieren Sie sich sehr? Was fasziniert Sie, was gefällt Ihnen daran? Wie können Sie noch mehr von dem bekommen, was Ihnen daran wichtig ist? Was sagt es über Sie aus, wenn Sie kein Hobby oder kein spezielles Interesse haben? Soll das so bleiben, oder was soll anders werden?

....

....

....

....

23 Welche Filme und Bücher mögen Sie am liebsten? Wer sind die Helden? Warum finden Sie die Helden und die Handlung gut? Was sagt das über Sie und das, was Sie im Leben erleben möchten, aus?

....

....

....

24 Haben Sie eine gesundheitliche Schwachstelle, und wenn ja, welche ist das? Wie gehen Sie damit um? Wie wird es in zehn Jahren sein, wenn diese Stelle noch schwächer wird? Was ist möglich, wenn Sie das Problem in den Griff bekommen? Was müssen Sie tun, damit Sie das Problem in den Griff bekommen?

....

....

....

....

25 Was wäre, wenn Ihre Gedanken und Gefühle Auswirkungen auf Ihre Gesundheit hätten? Welche Gedanken und Gefühle halten Sie für »gesund«? Welche nicht? Was können Sie täglich für Ihre emotionale und geistige Gesundheitsvorsorge tun?

....

....

....

26 Sind Sie so fit und attraktiv, wie Sie sein könnten? Wenn nicht: Wie würde sich Ihr Leben verändern, wenn Sie so attraktiv und fit wären, wie Sie sein könnten? Wer oder was motiviert Sie, mehr für Ihre Gesundheit und Attraktivität zu tun?

....

....

....

....

Was Sie glauben

Was wir über die Welt, die Menschen, das Leben, die Zukunft und andere existenzielle Grundfragen denken, beeinflusst sehr stark unser Handeln und unsere Fähigkeit, Glück und Lebensqualität zu erleben. Im Coaching spricht man von Glaubenssätzen und Überzeugungen, die die Wahrnehmung eines Menschen in Bezug auf sein Leben und andere Personen prägen. Diese Glaubenssätze gibt es sowohl ganz individuell als auch auf einer größeren gesellschaftlichen Ebene.

Es macht einen großen Unterschied, ob Sie freundlich und konstruktiv über die Welt, Ihr Leben und andere denken oder ob Sie mit Aggressionen, Abwertungen oder düsteren Prognosen leben. Denn wir Menschen nehmen von unserer Natur her eher das wahr, was wir erwarten, und blenden aus, was dem nicht entspricht. Unser Gehirn[3] ist darauf programmiert, das wahrzunehmen, was unseren Erfahrungen und Überzeugungen ähnelt beziehungsweise mit ihnen übereinstimmt. Das hat nichts Esoterisches oder Übersinnliches, sondern ist ein solides Erbe der Evolution. Denn wir haben im Gegensatz zu anderen Lebewesen nur wenige Instinkte behalten, die uns vor einer konkreten Gefahr schützen. Stattdessen gleicht unser vergleichsweise

---

[3] Sehr lehrreich und inspirierend zu diesem Thema ist das Buch von Gerold Hüther: Bedienungsanleitung für ein menschliches Gehirn (Göttingen 2006).

überdimensionales Gehirn genau ab, ob eine mögliche Gefahr droht. Und das könnte immer dann der Fall sein, wenn etwas nicht so ist, wie wir es kennen oder erwarten.

Das ist auch der Grund, warum wir dazu neigen, einmal gemachte Erfahrungen zu verabsolutieren und auf andere zu übertragen. Wir machen eine schlechte Erfahrung mit einer Person, nehmen Ähnliches bei anderen wahr und kommen zu Überzeugungen wie »Alle Männer sind …« oder »Alle Frauen sind …«. Es ist nicht gerecht und auch nicht sehr weise, aber gehört einfach zu unserem mentalen und emotionalen Sicherheitsmechanismus. Wir haben aber jederzeit die Möglichkeit, bewusst Überzeugungen zu hinterfragen und zu entrümpeln. Wenn wir dazu die richtigen Fragen stellen, können wir große Schritte in Richtung mehr Lebensqualität machen, denn wir werden wieder offen für neue, bessere Erfahrungen und Gefühle.

27 Glauben Sie an Übersinnliches, Gott oder eine höhere Macht? Wie wirkt sich das auf Ihr Leben aus? In welchen Situationen glauben Sie? Falls ja, was gibt Ihnen der Glaube?

....

....

....

....

28 Glauben Sie an ein Leben nach dem Tod? Was heißt das für Ihr Leben?

....

....

....

....

29 Welchen Sinn hat das Leben allgemein? Welchen Sinn hat Ihr Leben? Wer oder was gibt Ihrem Leben Sinn?

....

....

....

....

30 Inwiefern ist die Welt ein Stück anders, weil es Sie auf diesem Planeten gibt? Welchen Unterschied machen Sie?

....

....

....

....

....

31 Was denken Sie über »den Menschen« im Allgemeinen? Ist er eher gut oder eher schlecht? Wie wirkt sich diese Überzeugung auf Ihr Leben aus?

....

....

....

....

32 Was denken Sie über die Geschlechter? Wie wirkt sich dieses Denken auf Ihre zwischenmenschlichen Beziehungen zu beiden Geschlechtern aus?

Frauen sind … ....

....

....

Männer sind … ....

....

....

Drehen Sie die Sätze am Ende genau in ihr Gegenteil um, und fragen Sie sich: Kann das auch zutreffend sein? Zum Beispiel: »Männer haben es einfacher in der Welt.« – Umgekehrt: »Männer haben es schwerer in der Welt.« Kann das auch stimmen? Betrachten Sie, was mit Ihrem Blick auf Sie selbst und auf die Welt passiert, wenn das Gegenteil auch stimmen kann.

33 Wie ist die Welt? Beenden Sie die Sätze intuitiv:

Die Welt ist ....

Wenn ich die Welt ändern könnte, würde ich ....

Wenn ich mir etwas wünschen dürfte, wollte ich ....

34 Wie wird die Zukunft? Besser, schlechter, gleich? Inwiefern hat dieser Glaube Einfluss auf Ihr Handeln, Denken und Leben? Was würden Sie anders machen, wenn Sie anders über die Zukunft denken würden?

....

....

....

....

....

Was Sie prägt

In diesem Kapitel schauen wir uns an, mit welchen Inhalten Ihr als Kind noch recht offenes Bewusstsein durch bestimmte familiäre und gesellschaftliche Umstände geprägt wurde. Eine solche Prägung kann sowohl sehr konstruktiv, produktiv und lebensfördernd gewesen sein, aber auch einschränkend, kleinmachend und blockierend. Sich diese Prägungen, seien sie positiv oder negativ, bewusst zu machen ist die Basis für gelungene Veränderungen. Sind sie einmal bewusst, im Guten wie im Schlechten, können wir sie entweder noch bewusster nutzen oder gezielt verändern, um das Leben zu haben, das wir eigentlich führen wollen.

Manchmal sind die Prägungen so schwerwiegend, dass es ratsam ist, psychotherapeutische Hilfe in Anspruch zu nehmen. Eine solche professionelle Unterstützung ist für viele schwer belastete Menschen das Tor zu einer ganz neuen Lebensqualität. In jedem Fall ist es hilfreich, sich besonders über die positiven Prägungen bewusst zu werden und sie als Kraftquelle für das eigene Selbstverständnis zu nutzen.

35 Was haben Sie von Ihren Eltern über das Leben gelernt?

Das Leben ist …

………………………………………………………………………………………

………………………………………………………………………………………

………………………………………………………………………………………

Der Sinn des Lebens ist …

………………………………………………………………………………………

………………………………………………………………………………………

………………………………………………………………………………………

Ein gelungenes Leben ist …

....

....

....

36 Welche Träume hatten Ihre Eltern? Welche davon

haben Ihre Eltern verwirklicht?

....

....

....

....

Welche nicht?

....

....

Welche verwirklichen Sie?

....

....

Gibt es Träume, von denen Sie glauben, sie für Ihre Eltern verwirklichen zu müssen? Welche sind das? Was würde passieren, wenn Sie diese nicht mehr weiterverfolgten?

....

....

37 Gibt es offene Rechnungen mit Ihren Eltern? Was sollten Ihre Eltern Ihnen noch geben? Was schulden Sie Ihren Eltern noch oder glauben, es ihnen zu schulden? Wie viel Energie würde frei werden, wenn Sie die Rechnungen begleichen würden? Was können Sie selbst dafür tun, um sie zu begleichen?

....

....

38 Menschen, die an Wiedergeburt glauben, gehen davon aus, dass wir uns unsere Eltern vor der Geburt selbst ausgesucht haben. Nehmen wir an, das würde stimmen: Warum haben Sie sich genau diese Eltern ausgesucht? Bitte unterscheiden Sie genau zwischen Ihrem Vater, Ihrer Mutter und den beiden als Paar. Was könnten oder sollten Ihre Eltern lernen dadurch, dass Sie ihr Kind sind?

....

....

....

39 Welche Auseinandersetzungen mit Ihren Eltern und möglichen Verletzungen haben Sie erlebt? Was haben Sie daraus gelernt? Wofür sind Sie Ihren Eltern dankbar?

....

....

....

....

40 Welche uneingeschränkt positiven Eigenschaften haben Ihre Mutter und Ihr Vater? Listen Sie alles auf. Was bedeutet das für Sie, die Sie Tochter oder Sohn solcher Eltern sind?

....

....

....

....

41 Welches Leben haben sich Ihre Eltern für Sie gewünscht oder wünschen sich es für Sie? Welchen Partner? Welchen Beruf? Welches Lebensumfeld? Führen Sie das Leben, das Ihre Eltern sich für Sie wünschen?

....
....
....
....

42 Was wäre anders in Ihrem Leben, wenn Sie das andere Geschlecht hätten?

....
....
....
....

43 Aus welcher Kultur stammen Sie? Was bedeutet das für Ihr Leben? Inwiefern entsprechen Sie genau den Klischees und den Werten dieser Kultur? Was ist anders? Von welcher Kultur könnten Sie noch lernen? Was würde das in Ihrem Leben verändern?

....

....

44 Wessen Rat schätzen und wessen Urteil fürchten Sie?
In Bezug auf

Ihr Aussehen ....

Ihre Beziehung ....

Ihre Kinder oder Kinderlosigkeit ....

Ihre Karriere ....

Ihre Wohnsituation ....

Ihre Finanzen ....

45 Welcher Lehrer hat Sie im Leben am meisten beeinflusst? Was haben Sie von dieser Person gelernt? Was davon ist heute wichtig?

....

....

....

46 Was waren in Ihrem Leben bisher die wichtigsten

Begegnungen ....

Freundschaften ....

Ereignisse ....

Erfolge ....

Warum? Was haben Sie jeweils über sich und das Leben daraus gelernt?

Wie Sie lieben

Es gibt nur wenige Bereiche, in denen unsere Individualität und damit Unterschiedlichkeit deutlicher zu spüren ist als in unseren Liebesbeziehungen. Wir alle wissen, wie es ist, mit dem Partner unterschiedlicher Meinung zu sein, manchmal andere Bedürfnisse zu haben oder sich schlicht und einfach um Kleinigkeiten zu zanken. Die Regale in Buchhandlungen sind voll mit Ratgebern, die seit einigen Jahren auf die Unterschiedlichkeit der Geschlechter hinweisen. Aber selbst innerhalb des jeweiligen Geschlechts ist die Welt so bunt und vielfältig, wie sie nur sein kann.

Um eine gute Liebesbeziehung zu führen, müssen wir uns zuerst selbst gut kennen und bereit sein, uns nichts vorzumachen, wenn wir die Eigenheiten des anderen wahrnehmen. Es ist eine Binsenweisheit, dass es nichts bringt, den anderen zu verbiegen. Es bringt aber eine Menge, sich erst einmal selbst darüber klarzuwerden, was man eigentlich braucht, sucht und geben will. Dann haben wir die Chance, aus einer Zufallsbegegnung oder einer problematischen Konstellation eine wirklich tragfähige, erfüllende Begegnung und Beziehung zweier einzigartiger Menschen zu machen. Oder eben den Partner zu suchen und zu finden, der wirklich zu uns passt.

Ähnliches gilt für andere Beziehungen, zum Beispiel zu Ihrer Familie oder zu Freunden und Kollegen. Bewusstsein schafft Klarheit.

Manchmal sind die Fragen, die man sich dazu stellen muss, unbequem. Aber lassen Sie sich überraschen: Sie können auch heilen.

47 Ist der Mensch, neben dem Sie aufwachen, der, neben dem Sie aufwachen möchten? Neben wem möchten Sie aufwachen?

....
....
....
....

48 Wer liebt mehr? Sie oder Ihr Partner? Was bedeutet das für Sie?

....
....
....
....
....

49 Was geben Sie Ihrem Partner? Was bekommen Sie von Ihrem Partner? Was wünschen Sie sich von Ihrem Partner?

....

....

....

....

50 Wann haben Sie zum letzten Mal jemand anderen als Ihren Partner als aufregend und attraktiv erlebt? Was hat Sie an diesem Menschen angezogen? Wann hat zum letzten Mal Sie jemand als aufregend und attraktiv erlebt? Wie war das für Sie?

....

....

....

....

51 Welche Abhängigkeiten bestehen zwischen Ihnen und Ihrem Partner/Ihrer Partnerin oder dem Menschen, den Sie lieben?

....

....

....

....

52 Gibt es in Ihrer Partnerschaft geheime oder offene Tabus beziehungsweise Verbote (Ex-Partner, über die nicht oder nur in negativer oder positiver Weise geredet werden darf, unterschiedliche Haltungen zum Thema Treue, die nicht mehr ausgesprochen werden dürfen etc.)? Was wäre, wenn diese Tabus aufgehoben würden?

....

....

....

53 Wie viel Zeit und Raum brauchen Sie für sich selbst? Nehmen Sie sich das? Inwiefern würde sich Ihre Beziehung verbessern, wenn Sie das tun würden?

....

54 Wie viel Prozent Ihres sexuellen Genuss-Potenzials haben Sie in Ihrem Leben bereits erlebt?

Wann? ....

Mit wem? ....

Wie? ....

55 Wie wichtig ist die Qualität des Sex in Ihrer aktuellen Beziehung für Ihre Lebensqualität? Wie schätzen Sie die Meinung Ihres Partners dazu ein?

....

56 Welche Kompromisse gehen Sie in Ihrer Partnerschaft ein? Sind es mehr als drei? Weiß Ihr Partner, dass dies für Sie Kompromisse sind?

....

....

....

....

57 Wie sind Sie als Partner oder Partnerin? Betrachten Sie sich von außen: Wären Sie mit einem Partner wie Ihnen selbst zufrieden? Was würden Sie anders haben wollen, wenn Sie mit sich selbst zusammen wären?

....

....

....

58 Wie würden Sie die Fehler Ihres Partners/Ihrer Partnerin sehen, wenn er/sie Ihr bester Freund oder Ihre beste Freundin wäre?

....

....

....

....

59 Unter welchen Umständen wäre eine Affäre attraktiv für Sie? Was würde der Mensch, mit dem Sie eine Affäre haben, neu in Ihr Leben bringen?

....

....

....

....

60 Wenn Sie Single sind: Was würde sich in Ihrem Leben ändern, wenn Sie einen Partner/eine Partnerin hätten? Was würde besser werden? Was würde schlechter werden? Was sagt das über Ihre Bedürfnisse aus?

....

....

....

....

61 Welche war oder ist Ihre bisher beste Beziehung? Was daran gefällt Ihnen so gut? Welche war oder ist Ihre bisher schlechteste Beziehung? Was daran missfällt Ihnen? Die Antworten, die Sie sich hier geben, zeigen Ihnen, welche Werte Sie haben.

....

....

....

62 Was tun Sie dafür, das in einer Beziehung zu bekommen, was Ihnen am wichtigsten ist?

....

....

....

....

63 Möchten oder haben Sie Kinder? Wenn ja, warum? Wenn Sie noch keine Entscheidung getroffen haben: Was lässt Sie in dieser Frage sicherer werden?

....

....

....

....

64 Wie haben Sie Familie als Kind erlebt? Welchen Einfluss, glauben Sie, hat das auf Ihre Zu- oder Abneigung Kindern gegenüber? Welche Möglichkeiten sehen Sie, Familie anders als bisher erlebt zu gestalten?

....

....

....

65 Entspricht Ihr Engagement für die Familie dem, was Sie zurückbekommen? Was passt nicht? Was ist in Ordnung? Was könnte besser werden?

....

....

....

....

66 Welche Menschen in Ihrem Leben geben Ihnen Energie? Warum? Welche Menschen in Ihrem Leben nehmen Ihnen Energie? Warum? Wie können Sie dafür sorgen, mehr mit den Menschen zu tun zu haben, die Ihnen Energie geben, und weniger mit denen, die Ihnen Energie nehmen?

....

....

....

67 Wer wird Ihnen am Ende Ihres Lebens Ihrer Meinung nach am nächsten stehen?

....

....

....

....

68 Wenn Sie dauerhaft Pflege bräuchten: Würden Sie sich von Ihrer Familie, Freunden oder Fremden pflegen lassen? Von wem genau, wenn Sie es sich aussuchen könnten?

....

....

....

....

Wie Sie arbeiten

Nirgendwo investieren wir mehr produktive Lebenszeit als in unsere Arbeit. Deshalb gehört es zu einem erfüllten Leben, das Richtige zu tun. Das Richtige ist die Tätigkeit, die wir gerne und gut machen, die uns etwas an Energie zurückgibt, uns persönlich wachsen lässt und ein gutes, passendes Einkommen ermöglicht. Gerade in diesem Bereich geht viel schief. Viele von uns machen einen Job, weil er sich gerade anbot oder weil andere meinten, wir sollten ihn lernen oder ausüben. Andere verharren in einer eigentlich unerträglichen Arbeitssituation, weil sie Angst haben, nichts mehr anderes zu bekommen. Das aber bedeutet, dass wir aus Sicherheitsbedenken bereit sind, unsere Lebensqualität und oftmals auch unsere körperliche wie psychische Gesundheit zu opfern. Das geht nicht lange gut. Auch in Bezug auf unsere Arbeit sollten wir deshalb genau darauf achten, uns eigene Fragen zu stellen und ehrliche Antworten zu geben, um unsere Erfolgschancen und unsere Lebensqualität nachhaltig zu erhöhen.[4]

---

[4] Ich habe zu dieser Frage ein Buch geschrieben: *Die Kunst, seine Berufung zu finden* (Frankfurt a. M. 2007). Darüber hinaus empfehle ich die vielen guten Bücher von meiner amerikanischen Kollegin Barbara Sher und die von Sabine Asgodom.

69 Mit welchen Gedanken und welchem Gefühl wachen Sie an einem ganz normalen Montagmorgen auf?

....

....

....

....

70 Leben Sie von der Tätigkeit, die Sie am besten können und am liebsten tun? Wenn nein: Welche Tätigkeiten wären das?

....

....

....

....

71 Für wessen Ziele arbeiten Sie? Sind das auch Ihre Ziele?

....

....

....

....

72 Welche sind Ihre beiden größten Stärken? Welches Niveau haben Sie in diesen Stärken erreicht? Was müssten Sie tun, um darin noch einen Schritt weiterzukommen?

....

....

....

....

....

73 Ist Ihr Beruf Ihre Berufung? Haben Sie die Ausbildung gemacht und den Beruf ergriffen, den Sie wirklich machen wollten? Wer oder was hat Sie beeinflusst?

....

....

....

....

74 Beschäftigen Sie sich lieber mit Menschen oder mit Dingen? Gibt Ihnen Ihr derzeitiger Beruf Raum für diese Ausrichtungen?

....

....

....

....

75 Wo arbeiten Sie am liebsten (draußen, drinnen, Mischung, genauer Ort)? Erleben Sie das in Ihrer derzeitigen Tätigkeit? Mit wem arbeiten Sie am liebsten (allein, mit bestimmten Menschen, mit Kollegen, mit Kunden etc.)? Wie sieht Ihre Arbeitsrealität aus? Wie viel Kraft nimmt und wie viel Energie gibt Ihnen das?

....

....

....

....

76 Bei welcher Tätigkeit erleben Sie »Flow«, also den Zustand, in dem Sie voll in Ihrer Tätigkeit aufgehen und die Zeit vergessen? Wie können Sie mehr davon in Ihr Berufsleben bringen?

....

....

....

Was Sie erreichen wollen

Die wenigsten Menschen würden zugeben, dass sie einfach in den Tag hineinleben. Es gehört zum guten Ton in unserer Leistungsgesellschaft, etwas erreichen zu wollen. Und tatsächlich haben die allermeisten Menschen ein oft unbewusstes Verständnis davon, was Erfolg ist und was sie erreichen müssten, um sich als erfolgreich wahrzunehmen. Sein Leben und sich selbst als erfolgreich wahrzunehmen ist aber für Männer wie Frauen mittlerweile ein zentraler Faktor erreichter Lebensqualität.

Viele Menschen haben sich jedoch beruflich und privat in Situationen gebracht, die nicht ihren eigentlichen inneren Motiven und Zielen gerecht werden. Sie spüren dann, das irgendetwas nicht so läuft, wie sie es gerne hätten, wissen aber meist nicht, dass es daran liegt, dass Motive, Ziele und Lebensumstände, die man sich selbst geschaffen hat, nicht recht zusammenpassen.

Ich empfehle deshalb jedem, sich über seine eigenen Motive, Ziele und Erfolgskriterien klar und ehrlich Rechenschaft abzulegen und konsequent Schritte zu unternehmen, diese zu verwirklichen. Möglicherweise machen Sie die Erfahrung, dass Sie in Wirklichkeit viel ehrgeiziger sind, als Sie sich bisher eingestanden haben.

Vielleicht machen Sie aber auch die Erfahrung, dass Karriere, Status und Geld gar nicht so wichtig sind, wie Sie bisher dachten, und es für Sie vielleicht viel mehr auf soziale und menschliche Werte in Ihrem Leben ankommt.

Wichtig ist: Kein Motiv ist besser oder schlechter als das andere. Die Welt braucht jeden von uns – so wie er oder sie ist. In jedem Fall ist persönlicher Erfolg eine große Glücks- und Kraftquelle und wappnet gegen Existenzängste und das Gefühl, ein sinnloses Leben zu leben.

77 Welche Motive sprechen Sie nacheinander am meisten an: Macht, Status, Familie, Anerkennung, Einfluss, Erfolg, Gott, Reichtum, Ansehen, Ästhetik, Genuss, Sicherheit, Sinn, Ordnung, ein guter Mensch sein?

....

....

....

....

....

78 Wofür lohnt es sich in der Welt einzutreten? Welche Veränderung in Ihrer direkten Umgebung würde Ihnen am Herzen liegen?

....

....

....

79 Was ist für Sie Erfolg? Wer hat in Ihren Augen Erfolg? Was machen diese Menschen richtig? Wann halten Sie sich für erfolgreich? Was tun Sie dafür?

....

....

80 Welche Position könnten Sie und welche Position möchten Sie als Höhepunkt Ihres Berufslebens erreichen? Welche wird es aus Ihrer Sicht wohl werden?

....

....

....

81 Ermöglicht Ihnen Ihr derzeitiger und voraussichtlicher Verdienst das Leben, das am besten zu Ihnen passt? Werden Ihnen Ihr voraussichtliches Vermögen oder Ihre Rentenzahlungen das Leben ermöglichen, das Sie sich im Alter wünschen? Was müssten Sie tun, was müsste passieren, damit Sie heute und später das Leben leben können, das am besten zu Ihnen passt?[5]

....

82 Wenn Sie Kinder haben: Haben Sie Pläne für Ihre Kinder? Was soll aus ihnen werden? Welche charakterlichen und moralischen Eigenschaften wünschen Sie sich mit Blick auf deren Erwachsenenleben für sie? Was sagt das über Sie selbst, Ihre Ziele und Werte aus? Sind Sie Ihren Kindern darin ein Vorbild?

....

....

....

---

5 Einsichten, Anregungen und Tipps zum Lebensthema Geld finden Sie in meinem Buch *Nimm das Geld und freu Dich dran. Wie Sie ein gutes Verhältnis zu Geld bekommen* (München 2008).

83 Was soll von Ihnen bleiben? Wer soll Sie beerben? Was möchten Sie weitergeben?

....

....

....

....

Wie Sie leben möchten

Der Ort, die Umgebung und die Menschen, die Sie umgeben, sind Ihr Biotop. Jedes Lebewesen hat ein Biotop, das optimal für sein Wachstum ist. Welches ist Ihr Biotop? Wen und was brauchen Sie um sich, um sich glücklich zu fühlen und optimal entwickeln zu können? Für den einen mag das Wärme und Luxus sein, der andere zieht kühlere Orte vor und ein einfaches Leben, nah an der Natur. Wie ist es bei Ihnen? Wenn Sie Ihre optimale Umgebung gefunden haben, sollten Sie noch darüber nachdenken, welche Gewohnheiten und welchen Lebensstil Sie haben wollen. Dann haben Sie Antworten darauf, welche die beste Umgebung für Sie ist und wie Sie sich in dieser Umgebung bewegen möchten. Wenn Sie heute schon gute Orte und Menschen um sich haben, dann empfehle ich, noch mehr Zeit dort und mit ihnen zu verbringen als bisher.

84 An welchem Ort der Welt fühlen Sie sich am wohlsten?

85 Wie sieht die Wohnung oder das Haus aus, das am besten zu Ihnen passt und Ihnen am meisten gefallen würde? Bitte beschreiben Sie es so detailliert wie möglich (Lage, Größe, Grundriss, Farben, Räume, Möbel, Innenausstattung, Extras, Geruch, Materialien etc.)! Wer soll mit Ihnen darin leben?

86 Wie sieht ein perfekter Tag aus? Wo wachen Sie auf? Neben wem? Wie geht der Tag genau weiter? Was tun Sie? Wen treffen Sie? Was essen und trinken Sie? Wo sind Sie genau? Wie endet der Tag?

....

....

....

....

87 Wie wollen Sie Ihr Alter verbringen? Wo? Mit wem?

....

....

....

....

....

88 Wenn Sie ein Doppelleben führen würden ... als wer? Wie würde dieses Leben aussehen? Welchen Namen würden Sie führen? Wie lässt sich mehr von diesem Doppelleben in Ihr heutiges Leben bringen?

....

....

....

....

89 Wenn Sie noch einmal geboren würden ... als wer oder als was? Was wäre in Ihrem Leben anders? Wie können Sie diese Erkenntnis unmittelbar für Ihr heutiges Leben und die Zukunft nutzen?

....

....

....

90 Welche Gewohnheiten möchten Sie loswerden? Welche Gewohnheiten möchten Sie sich aneignen?

....

....

....

....

91 Wo möchten Sie begraben werden? Wie? Von wem? Welche Musik soll auf Ihrer Beerdigung gespielt werden? Was soll nach Ihrem Tod über Sie gesagt werden?

....

....

....

....

Was Sie noch erleben wollen

Es gibt das schöne Bonmot, nach dem es am Ende unseres Lebens nicht wichtig war, wie viele Stunden wir im Büro verbracht, sondern welche intensiven, erfüllenden Momente wir mit uns, der Welt und anderen Menschen gehabt haben. Da ist etwas dran, wenngleich ich der Meinung bin, dass man auch seine Arbeit als erfüllend erleben kann. Dennoch verliert ein Leben, das sich nur auf eine Sache konzentriert, an Intensität und Qualität.

Das aber ist es, was sich die meisten Menschen wünschen: ein intensives Leben, das interessant ist und gleichzeitig genug Platz für Muße und Erholung bietet. Ein Leben, in denen sich erholsame Phasen abwechseln mit Abenteuern, anregenden Begegnungen und intensiven Erlebnissen. Menschen sind weder für dauerhafte Aufregung noch für Monotonie gemacht. Das bekannte Burn-out-Syndrom kann deshalb sowohl durch zu viel Stress als auch durch zu viel Langeweile ausgelöst werden.

Wenn wir uns in einem Leben eingerichtet haben, verlieren wir oft das Gefühl dafür, was wir eigentlich für lebenswert, interessant und für uns und unsere Bedürfnisse förderlich halten. An diesem Punkt, an dem sonst die »Lebenstrance« Besitz von uns ergreift und wir nur noch halb wach vor uns hin leben, sollten wir uns durch gute Fragen verdeutlichen, was wir eigentlich noch erleben wollen. Das kann etwas ganz Alltägliches sein: zum Beispiel im Sommer ganz früh morgens an einen Badesee zu fahren und nackt ins klare Wasser zu springen oder im Winter Schlittschuh laufen zu gehen und danach mit der oder dem Liebsten glücklich erschöpft einen heißen Glühwein zu trinken. Es können aber auch große Ziele sein: wie einmal zu Fuß die Alpen zu überqueren oder ein Flugzeug fliegen zu lernen.

Ich führe für diese Art von Fragen einen sogenannten Traum-Zettelkasten, in dem ich kleine Karteikärtchen aufbewahre, auf denen ich festhalte, was ich noch erleben möchte. Erstaunlich, was da zusammenkommt und was es über mich verrät. Erstaunlich auch, wie viel davon ich dann tatsächlich verwirkliche. Einfach weil ich es mich einmal gefragt, beantwortet und aufgeschrieben habe. Lassen Sie sich überraschen, was in Ihrem Leben passiert, wenn Sie damit anfangen.

92 Wer führt Ihrer Ansicht nach ein aufregendes, interessantes, gutes Leben? Warum? Was davon möchten Sie auch?

....

....

....

....

93 Welche Menschen möchten Sie kennenlernen?

....

....

....

....

....

94 Welchen Menschen möchten Sie

die Wahrheit sagen? ....

die Meinung sagen? ....

eine Ohrfeige geben? ....

95 Was würden Sie sich kaufen, wenn Sie nicht auf das Geld achten müssten? Was sagt das über Ihre materiellen Wünsche und Bedürfnisse aus? Welche könnten Sie sich eigentlich jetzt schon erfüllen?

....

....

....

....

96 Wann und von wem haben Sie Schwimmen und Radfahren gelernt? Wie haben Sie das erlebt? Erinnern Sie sich an die Gefühle und Gedanken, die Ihnen durch den Kopf gingen, als Sie realisierten, dass Sie es können? Welche ähnlich wichtigen Fähigkeiten möchten Sie noch gewinnen oder lernen?

....

....

....

97 Haben Sie Träume, die Sie für unrealistisch halten? Was würde passieren, wenn Sie sie dennoch verwirklichen würden?

....

....

....

98 Was sind die intensivsten Momente Ihres bisherigen Lebens gewesen? Wie können Sie mehr von diesen Momenten erleben? Was können Sie selbst dafür tun?

....

....

....

99 Welches Abenteuer oder welches kalkulierbare Risiko möchten Sie einfach des Spaßes oder der Erfüllung wegen noch eingehen?

....

....

....

....

100 Welche drei Dinge würden Sie in den nächsten zwölf Monaten wagen, wenn Sie keine Angst hätten und es sich erlauben würden? Welche Sache würden Sie noch heute tun oder angehen, wenn Sie es sich erlauben würden?

....

....

....

Wenn Sie

mehr über die Hintergründe und Tipps zu den 100 Fragen lesen wollen, mehr über Life-Coaching erfahren möchten oder vielleicht sogar selbst einmal als Coach professionell gute Fragen stellen wollen, freue ich mich auf Ihren Besuch auf meinen Websites:

www.100Fragen.de
www.petrabock.de
und
www.dr-bock-coaching-akademie.de

Die Autorin

Foto: © Die Hoffotografen, Berlin

Dr. Petra Bock gehört zu den führenden Coachs im deutschsprachigen Raum. Sie begleitet seit Jahren Menschen dabei, ihre ureigene Lebensaufgabe zu finden und ein erfülltes und erfolgreiches Leben zu führen. Neben ihrer Beratungstätigkeit bildet sie mittlerweile selbst Coachs für berufliche Erfolgsstrategien und Life-Coachs an ihrer eigenen Akademie aus. Dr. Petra Bock hat bereits mehrere auflagenstarke Bücher geschrieben und erhielt als Expertin für persönliche Erfolgsstrategien eine Gastdozentur an der Freien Universität Berlin. Als gefragte Rednerin und mit ihren Beiträgen in Fernsehen (u.a. WDR, SWR, rbb), Rundfunk (u.a. WDR, ORF, Deutschlandfunk) und Printmedien (u.a. Frankfurter Allgemeine Zeitung, Die Welt, Der Tagesspiegel, Focus, Freundin, Psychologie heute, GEO) erreicht sie ein großes Publikum.